X 1264.
D. b. c.

ALPHABET FRANÇAIS,

OU

PRINCIPES

De la lecture française,

Contenant aussi les Principes de la lecture Latine.

A NICE,

Chez ANDRÉ GIUGE.

An 1812.

a b c d e è é
ê f g h i j k
l m n o p q
r s t u v x y z.

a b c d e é è ê
f g h i j k l m n o p
q r s t u v x y z.

ABCDEFG
HIJKLMNO
PQRSTUV
XYZ.

ABCDEF
GHIJKLM
NOPQRST
UVXYZ.

p m o a d b q s v e
l u é h è i ê k n g r
c f j t x z y.

*p m o a d b q s v e
l u é h è i ê k n g r
c f j t x z y.*

& ſt fi fi ff ffi ff ffi
ct st si ti ft fti ss ssi

fl fl w ffl æ œ
sl fl vv ffl ae oe.

Ba be bé bè bi bo bu
ca ce cé cè ci co cu
da de dé dè di do du
fa fe fé fè fi fo fu
ga ge gé gè gi go gu
ha he hé hè hi ho hu
ja je jé jè ji jo ju
la le lé lè li lo lu
ma me mé mè mi mo mu
na ne né nè ni no nu
pa pe pé pè pi po pu
qua que qué què qui quo quu
ra re ré rè ri ro ru
sa se sé sè si so su
ta te té tè ti to tu
va ve vé vè vi vo vu
xa xe xé xè xi xo xu
ya ye yé yè yi yo yu
za ze zé zè zi zo zu.

Bla	bla-ma-ble	cri	cri-me
ble	blê-me	cro	cro-che
bli	su-bli-me	cru	cru-che
blu	blu-et-te	dra	dra-gé-e
bra	bra-ve	dre	hy-dre
bre	bre-bis	dro	dro-le
bri	bri-de	dru	dru-i-de
bro	bro-che	fla	flam-me
bru	bru-le	fle	flê-che
cha	cha-pi-tre	fli	af-fli-gé
che	chè-re	flo	flo-re
chi	chi-ca-ne	flu	flu-te
cho	cho-pi-ne	fra	fra-gi-le
chu	chu-te	fre	fre-ga-te
chrê	chrê-me	fri	fri-tu-re
cla	cla-que	fro	fro-ma-ge
cli	cli-que-tis	fru	fru-ga-li-té
clo	clo-che	pha	pha-se
cra	cra-che	phi	phi-mo-sis
cre	crê-me	gla	gla-ne

Gle	glè-be	rhi	rhi-no-ce-ros
gli	glis-se	rhu	rhu-me
glo	glo-be	sce	scè-ne
gna	re-gna	sci	sci-e
gne	Co-lo-gne	spa	spa-tu-le
gra	grap-pe	spe	spe-ci-fi-que
gre	gre-ni-er	spi	spi-re
gri	gri-ma-ce	spu	spu-mo-si-té
gro	gro-gne	sti	sti-le
gru	gru-e	sto	sto-re
pla	pla-ta-ne	thé	thé-â-tre
ple	ple-ni-tu-de		
pli	pli-e		
plu	plu-me		
pra	pra-ti-que		
pre	prê-tre		
pri	pri-vi-lè-ge		
pro	pro-ba-ble		
pru	pru-nel-le		
pry	pry-ta-née		

Ab	ac	ad	al	am	an	ap	ar
as	at						
ec	el	em	en	er	es	et	
il	im	in					
ob	oc	om	on	op	or	os	
ur	us						

Ab	ab-so-lu	er	er-mi-te
ac	ac-te	es	es-ca-lier
ad	ad-ver-si-té	il	il-lus-tre
al	al-co-ve	im	im-bé-cil-le
am	am-ple	in	in-ju-re
an	an-cre	ob	ob-te-nir
ap	ap-ti-tu-de	oc	oc-to-bre
ar	ar-bre	om	om-bre
ac	ta-bac	on	on-cle
ec	a-vec	op	op-ti-que
as	as-per-ge	or	or-du-re
at	at-ten-dre	os	os-ten-de
em	em-plâ-tre	ur	ur-ba-ni-té
en	en-cre	us	us-ten-si-le

Ai ei œ   é
au eau   o
oi
ou
eu œu

Bau	bau-me	coi	coif-fe
beau	beau-coup	cœu	cœur
bai	bai-ser	cou	cou-teau
bei	bei-gnet	dau	dau-phin
beu	beur-re	deau	far-deau
boi	boi-re	doi	ar-doi-se
bou	bou-le	dou	dou-blu-re
bœu	bœuf	fau	fau-te
cau	cau-ser	fai	fai-re
ceau	ber-ceau	feu	feu-tre
cai	cai-re	foi	foi-re
çai	fran-çais	fou	fou-le
cein	cein-ture	gau	gau-le
ceu	ceux	gai	gai-ne

Gueu	gueu-le	nei	nei-ge
geu	courageux	neu	neu-tre
goi	goi-tre	noi	noi-set-te
gou	gou-té	nou	nou-vel-le
jau	jau-ne	nœu	nœud
jeu	jeu-ne	pau	Pau-li-ne
joi	joie	pai	paî-tre
jour	jour	peau	peau
lai	lai-ne	pei	pei-ne
lei	ba-lei-ne	peu	peu-ple
loi	loi-sir	poi	poi-tri-ne
lou	lou-pe	pou	pou-tre
mai	mai-son	quai	la-quais
mau	mau-vais	queu	queu-e
moi	ar-moi-re	quoi	pour-quoi
mou	mou-lin	reau	pas-se-reau
mœu	mœurs	rai	rai-son
nau	nau-fra-ge	rei	rei-ne
neau	an-neau	reu	heu-reux
nai	naitre	rou	rou-ler

Roi	ti-roir	veu	veu-ve
sau	sau-ter	voi	voi-tu-re
seau	oi-seau	vou	vou-te
sai	sai-gner	vœu	vœu
sei	sei-ne	ail	pail-le
seu	seu-le-ment	eil	meil-leur
soi	soi-gner	œil	œil-let
sou	sou-cou-pe	ouil	mouil-lé
sœu	sœur	euil	feuil-le
tau	tau-reau	oin	coin
teau	mar-teau		moin-dre
tai	tais-toi		
tei	tei-gne		
teu	pi-teux		
toi	toi-son		
tou	tou-jours		
vau	vau-tour		
veau	cer-veau		
vai	vai-ne		
vei	vei-ne		

L'ORAISON Dominicale.

NO-tre pè-re qui ê-tes dans les ci-eux, que vo-tre nom soit sanc-ti-fi-é. Que vo-tre rè-gne ar-ri-ve. Que vo-tre vo-lon-té soit fai-te en la ter-re com-me au Ciel. Don-nez-nous au-jour-d'hui no-tre pain quo-ti-di-en. Et nous par-don-nez nos of-fen-ses com-me nous les par-don-nons à ceux qui nous ont of-fen-sés. Et ne nous a-ban-don-nez point à la ten-ta-tion. Mais dé-li-vrez-nous du mal. Ain-si soit-il.

La Salutation Angélique.

JE vous sa-lue Ma-ri-e, plei-ne de grâ-ce : le Sei-gneur est a-vec vous. Vous ê-tes bé-ni-te en-tre les fem-mes; et Jé-sus le fru-it de vo-tre ven-tre est bé-ni. Sain-te Ma-rie mè-re de Dieu; pri-ez pour nous pau-vres pé-cheurs main-te-nant et à l'heu-re de no-tre mort. Ain-si soit-il.

Le Simbole des Apôtres.

JE crois en Di-eu le Pè-re tout-puis-sant, cré-a-teur du ciel et de la ter-re: et en Je-sus-Christ son fils u-ni-que, no-tre Sei-gneur: qui a é-té con-çu du saint Es-prit, né de la vier-ge Ma-rie: qui a souf-fert sous Pon-ce Pi-la-te: a é-té cru-ci-fi-é, est mort, et a é-té en-se-ve-li. Est de-scen-du aux en-fers; le troi-si-è-me jour est res-su-sci-té des morts; est mon-té aux cieux, est as-sis à la droi-te de Dieu le Pè-re tout puis-sant; d'où il vien-dra ju-ger les vi-vans et les morts. Je crois au Saint Es-prit: la sainte É-gli-se ca-tho-li-que: la com-mu-ni-on des Saints, la re-mis-si-on des pé-chés: la ré-sur-rec-ti-on de la chair: la vi-e é-ter-nel-le. Ain-si-soit-il.

La Confession des péchés.

JE me con-fes-se à Dieu tout-puis-sant, à la bien-heu-reu-se Ma-rie tou-jours vi-er-ge, à S. Mi-chel Ar-chan-ge, à S. Jean-Bap-tis-te, aux A-pô-tres saint Pier-re et saint Paul, et à tous les Saints; par-ce que j'ai beau-coup pé-ché par pen-sé-es, par pa-ro-les et par ac-ti-ons. J'ai pé-ché par ma fau-te, par ma fau-te, par ma très-gran-de fau-te : c'est pour-quoi je sup-pli-e la bien-heu-reu-se Ma-ri-e tou-jours vier-ge, S. Mi-chel Ar-chan-ge; S. Jean-Bap-tis-te, les A-pô-tres saint Pier-re et saint Paul, et tous les Saints de pri-er pour moi le Sei-gneur no-tre Dieu.

Les Commandemens de Dieu.

1. Un seul Dieu tu a-do-re-ras, et ai-me-ras par-fai-te-ment.
2. Dieu en-vain tu ne ju-re-ras ni au-tre cho-se pa-reil-le-ment.
3. Les Di-man-ches tu gar-de-ras, en ser-vant Dieu dé-vo-te-ment.
4. Le Père, et Mè-re ho-no-re-ras,

a-fin que tu vi-ves lon-gue-ment.
5. Ho-mi-ci-de point ne fe-ras, de fait ni vo-lon-tai-re-ment.
6. Lu-xu-ri-eux point ne se-ras de corps, ni de con-sen-te-ment.
7. Le bien d'au-trui tu ne pren-dras, ni re-tien-dras à ton e-sci-ent.
8. Faux té-moi-gna-ges ne di-ras, ni men-ti-ras au-cu-ne-ment.
9. L'œu-vre de chair ne dé-si-re-ras, qu'en ma-ria-ge seu-le-ment.
10. Biens d'au-trui ne con-voi-te-ras, pour les a-voir in-jus-te-ment.

Les Commandemens de l'Église.

1. LES fê-tes tu sanc-ti-fi-e-ras, qui te sont de com-man-de-ment.
2. Les Di-man-ches la mes-se ou-i-ras, et les fê-tes pa-reil-le-ment.

3. Tous les pé-chés con-fes-se-ras,
à tout le moins u-ne fois l'an.
4. Ton Cré-a-teur tu re-ce-vras au moins à Pâ-ques hum-ble-ment.
5. Qua-tre tems, veil-les jeû-ne-ras et le ca-rê-me en-ti-è-re-ment.
6. Ven-dre-di chair ne man-ge-ras, ni le sa-me-di mê-me-ment.

Prière à la Sainte Vierge.

VIERGE Sainte nous avons recours à vous dans nos besoins; vous êtes notre Reine, notre médiatrice, notre avocate, reconciliez-nous avec votre fils. Faites, o Vierge bénie, par la miséricorde, dont vous êtes la mère, que Jesus-Christ votre fils notre Seigneur nous rende par votre intercession participans de sa gloire et de son bonheur éternel.

LES BÉNÉDICTIONS

Que Dieu donne aux Enfans qui sont pieux, et respectueux envers leurs Père et Mère.

HONORE ton Père et ta Mère, afin que tu vives long-tems sur la terre. Cette première Bénédiction donne l'espérance d'une longue et heureuse vie.

Celui qui honore son Père et sa Mère sera joyeux et content en ses Enfans, et sera exaucé au tems de son Oraison.

Cette Bénédiction promet l'allégresse et le contentement que l'on reçoit des Enfans, de quoi nous avons l'exemple en Joseph fils de Jacob, qui pour avoir été obéissant à son Père, et pour l'honneur qu'il lui avait rendu, reçut des joies et des contentemens indicibles de ses propres Enfans, lesquels furent aussi bénis de Jacob, leur grand Père, en la présence de Joseph leur Père

Celui qui honore son Père et sa Mère s'amasse un Trésor au Ciel et en terre

Cette Bénédiction regarde les biens spirituels et temporels que Dieu donne aux bons Enfans, de quoi Salomon nous servira d'exemple, lequel porta toujours beaucoup d'honneur à son Père et aussi à sa mère : c'est pourquoi il vecut très-heureux et très-riche, dans un état florissant ; comme aussi Absalon son frère, pour avoir désobéi et maltraité son Père fut percé de trois dards, et tué par Joab, Général de l'armée de David.

Celui qui honore son Père et sa Mère, sera rempli de grâces célestes jusqu'à la fin. Cette Bénédiction concerne les biens spirituels, de laquelle nous avons un merveilleux exemple en Jacob, fils d'Isaac, qui ayant été béni de son Père, fut elu de Dieu et très-agréable à sa divine Majesté, et rempli de toute sorte de grâces.

Au contraire son frère Esaü fut malheureux et reprouvé. Honore ton Père, afin que la bénédiction du Ciel descende sur toi, et que tu sois béni. Dieu donne particulièrement cette Bénédiction aux enfans obéissans. Mais qu'est-ce autre chose être béni de Dieu, si non recevoir de lui sa sainte Grâce, par le moyen de laquelle nous lui agréons comme ses Enfans ?

LES MALÉDICTIONS

Que Dieu fulmine sur les Enfans qui ne portent ni honneur, ni obéissance à leurs Père et Mère.

Que celui qui maudira son Père ou sa Mère meure de mauvaise mort et que son sang soit sur lui ; cette malédiction est confirmée par la bouche de Dieu.

Auquel lieu, Dieu commande que si quelque Père est si malheureux que d'engendrer un fils désobéissant, rebelle et pervers, que tout le Peuple de la Ville massacre à coups de pierres ce méchant Enfant, et le fasse mourir.

A ces paroles, qui n'honore pas son Père et sa Mère, le Peuple repondit, Amen.

L'Oraison Dominicale.

PA-ter no-ster qui es in Cœ-lis, Sancti-fi-ce-tur no-men tu-um.

Ad-ve-ni-at Re-gnum tu-um, Fi-at vo-luntas tua si-cut in Cœ-lo, et in ter-ra. Panem no-strum quo-ti-di-a-num da no-bis ho-di-e. Et di-mit-te no-bis de-bi-ta nostra, si-cut et nos di-mit-ti-mus de-bi-to-ri-bus no-stris. Et ne nos in-du-cas in tenta-ti-o-nem, sed li-be-ra nos a ma-lo. Amen.

La Salutation Angélique.

A-ve Ma-ri-a, gra-ti-a ple-na, Do-mi-nus te-cum. Be-ne-di-cta tu in mu-li-e-ri-bus, et be-ne-dic-tus fruc-tus ven-tris tu-i Je-sus. Sancta Ma-ri-a Ma-ter De-i, o-ra pro no-bis pec-ca-to-ri-bus, nunc, et in ho-ra mor-tis nos-træ. A-men.

Le Symbole des Apôtres.

CRe-do in Deum, Pa-trem om-ni-po-tentem, Cre-a-to-rem Cæ-li et Ter-ræ. Et in Je-sum Chris-tum Fi-li-um e-jus u-ni-cum Do-mi-num nos-trum. Qui con-cep-tus est de Spi-ri-tu Sanc-to, na-tus ex Ma-ri-a Virgi-ne, pas-sus sub Pon-tio Pi-la-to, cru-ci-fi-xus, mor-tu-us, et se-pul-tus. De-scen-dit ad In-fe-ros, ter-ti-a di-e re-sur-re-xit a mor-tu-is. A-scen-dit ad Cœ-los, se-det ad dex-te-ram De-i Pa-tris om-ni-po-ten-tis. In-de ven-tu-rus est ju-di-ca-re vi-vos et Mor-tu-os. Cre-do in Spi-ri-tum Sanc-tum, Sanc-tam Ec-cle-si-am Ca-tho-li-cam, Sanc-to-rum Com-mu-ni-o-nem, Re-mis-si-o-nem pec-ca-to-rum, Car-nis re-sur-rec-ti-o-nem, Vi-tam æ-ter-nam. A-men.

Sanc-ta Ma-ria, et om-nes Sanc-ti in-ter-ce-dant pro no-bis ad Do-mi-num, ut nos me-re-a-mur ab eo ad-ju-va-ri, et sal-va-ri; qui vi-vit, et re-gnat in sæ-cu-la sæ-cu-lo-rum. Amen.

℣ Bé-ne-di-ci-te. ℟. Do-mi-nus. *Bénédiction.* Nos, et ea, quæ su-mus sum-ptu-ri be-ne-di-cat dex-te-ra Chris-ti. In no-mi-ne † Pa-tris, et Fi-li-i, et Spi-ri-tus san-cti. A-men.

A-gi-mus ti-bi gra-ti-as, Rex om-ni-po-tens De-us, pro u-ni-ver-sis be-ne-fi-ci-is, tuis, qui vi-

vis et regnas in sæcula sæculorum, Amen.

Beata Viscera Mariæ Virginis, quæ portaverunt æterni Patris Filium.

Et Beata ubera, quæ lactaverunt Christum Dominum.

Salve Regina, Mater misericordiæ. Vita, dulcedo, et spes nostra salve, Ad te clamamus exules filii Evæ. Ad te suspiramus gementes et flentes in hac lacrymarum valle. Eja ergo advocata nostra illos tuos misericordes oculos ad nos converte. Et Jesum benedictum fructum ventris tui nobis post hoc exilium ostende. O clemens! O pia! O Dulcis Virgo Maria!

℣. Dignare me laudare te, Virgo sacrata. ℟. Da mihi virtutem contra hostes tuos. Amen.

Miserere mei, Deus: secundum magnam misericordiam tuam.

Et secundum multitudinem miserationum tuarum: dele iniquitatem meam.

Amplius lava me ab iniquitate mea: et a peccato meo munda me.

Quoniam iniquitatem meam ego cognosco: et peccatum meum contra me est semper.

Tibi soli peccavi, et malum coram te feci: ut justificeris in sermonibus tuis et vincas cum judicaris.

Ecce enim in iniquitatibus conceptus sum: et in peccatis concepit me mater mea.

Ecce enim veritatem dilexisti: incerta, et occulta sapientiæ tuæ manifestasti mihi.

Asperges me hyssopo, et mundabor; lavabis me et super nivem dealbabor.

Auditui meo dabis gaudium et lætitiam: et exultabunt ossa humiliata.

Averte faciem tuam a peccatis meis; et omnes iniquitates meas dele.

Cor mundum crea in me, Deus: et spiritum rectum innova in visceribus meis.

Ne projicias me a facie tua; et spiritum sanctum tuum ne auferas a me.

Redde mihi lætitiam salutaris tui: et spiritu principali confirma me.

Docebo iniquos vias tuas: et impii ad te convertentur.

Libera me de sanguinibus, Deus, Deus salutis meæ: et exultabit lingua mea justitiam tuam.

Domine labia mea aperies: et os meum annuntiabit laudem tuam.

Quoniam si voluisses sacrificium dedissem utique: holocaustis non delectaberis.

Sacrificium Deo spiritus contribulatus: cor contritum et humiliatum Deus non despicies.

Benigne fac, Domine, in bona voluntate tua Sion: ut ædificentur muri Jerusalem.

Tunc acceptabis sacrificium justitiæ, oblationes, et holocausta: tunc imponent super altare tuum vitulos. Gloria Patri, etc.

DE profundis clamavi ad te, Domine Domine exaudi vocem meam.

Fiant aures tuæ intendentes: in vocem deprecationis meæ.

Si iniquitates observaveris Domine: Domine quis sustinebit.

Quia apud te propitiatio est, et propter legem tuam sustinui te, Domine.

Sustinuit anima mea in verbo ejus, speravit anima mea in Domino.

A custodia matutina usque ad noctem: speret Israel in Domino.

Quia apud Dominum misericordia, et copiosa apud eum redemptio.

Et ipse redimet Israel; ex omnibus iniquitatibus ejus. Gloria Patri, etc.

MAgnificat, anima mea Dominum.

Et exultavit spiritus meus, in Deo salutari meo.

Quia respexit humilitatem ancillæ suæ: ecce enim ex hoc beatam me dicent omnes generationes.

Quia fecit mihi magna, qui potens est: et sanctum nomen ejus.

Et misericordia ejus a progenie in progenies: timentibus eum.

Fecit potentiam in brachio suo: dispersit superbos mente cordis sui.

Deposuit potentes de sede: et exaltavit humiles.

Esurientes implevit bonis: et divites dimisit inanes.

Suscepit Israel puerum suum: recordatus misericordiæ suæ.

Sicut locutus est ad patres nostros: Abraham et semini ejus in sæcula.

Gloria Patri, etc.

BEnedictus Dominus Deus Israel: quia visitavit, et fecit redemptionem plebis suæ.

Et erexit cornu salutis nobis: in domo David pueri sui.

Sicut locutus est per os Sanctorum: qui a sæculo sunt prophetarum ejus.

Salutem ex inimicis nostris: et de manu omnium, qui oderunt nos.

Ad faciendam misericordiam cum Patribus nostris: et memorari testamenti sui sancti.

Jusjurandum quod juravit ad Abraham patrem nostrum: daturum se nobis.

Ut sine timore de manu inimicorum nostrorum liberati: serviamus illi.

In sanctitate et justitia coram ipso: omnibus diebus nostris.

Et tu, puer, Propheta Altissimi vocaberis, præibis enim ante faciem Domini parare vias ejus.

Ad dandam scientiam salutis plebi ejus; in remissionem peccatorum eorum.

Per viscera misericordiæ Dei nostri; in quibus visitavit nos, oriens ex alto.

Illuminare his, qui in tenebris, et in umbra mortis sedent: ad dirigendos pedes nostros in viam pacis.

Gloria Patri, etc.

SERVICE DE LA MESSE

Le Prêtre et le Servant.

P. In nomine Patris, et Filii, et Spiritus Sancti. Amen.

Introibo ad-altare Dei.
 S. Ad Deum qui lætificat juventutem meam.
 P. Judica me Deus, et discerne causam meam de gente non sancta : ab homine iniquo et doloso erue me.
 S. Quia tu es Deus fortitudo mea : quare me repulisti, et quare tristis incedo, dum affligit me inimicus.
 P. Emitte lucem tuam, et veritatem tuam : ipsa me deduxerunt, et adduxerunt in montem sanctum tuum, et in tabernacula tua.
 S. Et introibo ad altare Dei : ad Deum qui lætificat juventutem meam.
 P. Confitebor tibi in Cithara, Deus, Deus meus : quare tristis es anima mea, et quare conturbas me ?
 S. Spera in Deo, quoniam adhuc confi-

tebor illi : salutare vultus mei, et Deus meus.

P. Gloria Patri, et Filio, et Spiritui Sancto.

S. Sicut erat in principio, et nunc, et semper, et in sæcula sæculorum. Amen.

P. Introibo ad altare Dei.

S. Ad Deum qui lætificat juventutem meam.

P. Adjutorium nostrum in nomine Domini.

S. Qui fecit Cœlum et Terram.

P. Confiteor Deo omnipotenti, etc.

S. Misereatur tui omnipotens Deus, et dimissis peccatis tuis perducat te ad vitam æternam.

P. Amen.

S. Confiteor Deo omnipotenti, Beatæ Mariæ semper Virgini, Beato Michaeli Archangelo, Beato Joanni Baptistæ, Sanctis Apostolis Petro et Paulo, omnibus Sanctis, et tibi Pater, quia peccavi nimis cogitatione, verbo et opere; mea culpa, mea culpa, mea maxima culpa. Ideo precor Beatam Mariam semper Virginem, Beatum Michaelem Archangelum, Beatum Joannem Baptistam, Sanctos Apostolos Petrum et Paulum, omnes Sanctos, et te, Pater, orare pro me ad Dominum Deum nostrum.

P. Misereatur vestri etc.

S. Amen.

P. Indulgentiam, absolutionem etc.
S. Amen.
P. Deus tu conversus vivificabis nos.
S. Et plebs tua lætabitur in te.
P. Ostende nobis, Domine, misericordiam tuam.
S. Et salutare tuum da nobis.
P. Domine exaudi orationem meam.
S. Et clamor meus ad te veniat.
P. Dominus vobiscum.
S. Et cum spiritu tuo.
P. Kyrie, eleison.
S. Kyrie, eleison.
P. Kyrie, eleison.
S. Christe, eleison.
P. Christe, eleison.
S. Christe, eleison.
P. Kyrie, eleison.
S. Kyrie, eleison.
P. Kyrie, eleison.
S. Après l'Épitre, Deo gratias.
P. Dominus vobiscum.
S. Et cum Spiritu tuo.
P. Sequentia sancti evangelii secundum......
S. Gloria tibi, Domine.

Après l'Évangile ; Laus tibi Christe.

P. Orate, fratres.
S. Suscipiat Dominus sacrificium de mani-

bus tuis, ad laudem, et gloriam nominis sui, ad utilitatem quoque nostram, totiusque Ecclesiæ suæ sanctæ.

P. Per omnia sæcula sæculorum.
S. Amen.
P. Dominus vobiscum.
S. Et cum spiritu tuo.
P. Sursum corda.
S. Habemus ad Dominum.
P. Gratias agamus Domino Deo nostro.
S. Dignum et justum est.
P. Et ne nos inducas in tentationem.
S. Sed libera nos a malo.
P. Pax Domini sit semper vobiscum.
S. Et cum spiritu tuo.
P. Ite missa est, *ou* Benedicamus Domino.
S. Deo gratias.
P. Requiescant in pace. *S.* Amen.
P. Benedicat vos etc.... *S.* Amen.
S. *A la fin de la Messe* ; Deo gratias.

www.ingramcontent.com/pod-product-compliance
Lightning Source LLC
Chambersburg PA
CBHW060905050426
42453CB00010B/1576